Ulrike Brommer
Schwäbisches Gsälz-Büchle

W0089282

Ulrike Brommer

Schwäbisches Gsälz-Büchle

52 ausgewählte Einmachrezepte
für Köche
und Hausfrauen

mit 6 Cartoons von Heinz Schindele

Hugo Matthaes
Druckerei und Verlag
GmbH & Co. KG
Stuttgart

ISBN 3-87516-077-0

Inhaltsverzeichnis

Die Schwaben und ihr Gsälz

Ein Nicht-Schwabe, ein „Reig'schmeckter" also, mag vergeblich versuchen, der Bedeutung des Wortes „Gsälz" durch Ableiten von ähnlichen Wortstämmen näherzukommen. Den inhaltsschweren Sinn von Gsälz weiß nur ein waschechter Schwabe zu deuten, der als Kind die Zeit noch miterlebte, als Mutter oder Großmutter zur alljährlichen Einmachzeit aus allerlei süßen Sommerfrüchten vom Gärtle hinterm Haus die verführerischsten Köstlichkeiten zubereitete. Die ganze Küche duftete dann himmlisch – ähnlich wie beim Weihnachtsgutslebakken –, und es war eine Pracht, das Ergebnis dieser Kochkunst – in Reih und Glied aufgestellt – bestaunen zu dürfen.

Das schwäbische Gsälz ist ein Brotaufstrich – die Bezeichnung „Marmelade" dafür anzuwenden, würde jedoch laut Thaddäus Troll das schwäbische Hausfrauenherz beleidigen –, der aus eingemachtem Obst und Zucker besteht und etwas flüssiger als die handelsübliche Marmelade ist. Ganze Generationen schwäbischer Kinder sind mit dem Gsälzbrot groß geworden. Gsälz hat also nichts mit Geselchtem oder mit Gesalzenem zu tun, wenn es auch ursprünglich davon abgeleitet worden sein mag.

Das Herstellen von Gsälz und das Einmachen im allgemeinen gehört zu den Kardinaltugenden der Schwäbin. Es ist beinahe schon eine „heilige Handlung", und es werden dazu fast alle einheimischen Obstsorten verwendet. Oft werden auch verschiedene Sorten miteinander gemischt, denn einerseits schmeckt dies vorzüglich, andererseits lohnen geringere Mengen einer einzigen Frucht aus dem Obstgarten oft den doch beträchtlichen Zeit- und Arbeitsaufwand nicht. Es gibt Gsälz von schwarzen und roten Träuble (Johannisbeeren), von Erdbeeren, Himbeeren, Stachelbeeren, Heidelbeeren, Kirschen, Zwetschgen, Holderbeeren, Dreierlei-Gsälz und Gelee von Äpfeln, Birnen, Quitten und Preiselbeeren.

Daß Schwäbinnen ihr Gsälz heute wieder selber herzustellen bereit sind, ist durchaus „in". Im Zuge der Rückbesinnung auf alte Werte erlebt auch das Haltbarmachen und Konservieren von heimischen Früchten eine Renaissance. Für viele ist es auch einfach nur eine Liebhaberei oder die Freude am Selbstgemachten. Wer keinen eigenen Garten sein eigen nennt, der geht z. B. zur Erdbeerzeit mit Kind und Kegel auf die Felder der Bauern und pflückt für relativ wenig Geld die schönsten Früchte oder mietet sich einen Obstbaum und verarbeitet dessen zuckersüße Ernte. Ansonsten bietet der ortsübliche Wochenmarkt zur jeweiligen Saison Früchte in Hülle und Fülle, wie sie auch zu Großmutters Zeiten schöner nicht sein konnten.

Schon vor etwa 4000 Jahren soll es im schwäbischen Bodenseeraum verschiedene Obstsorten gegeben haben, wie Funde in diesem Gebiet beweisen. Im Mittelalter wurde in klimatisch begünstigten schwäbischen Gegenden der Obstanbau durch die Klöster systematisch betrieben und gefördert. Zahlreiche neue Sorten kamen hinzu, und jedes Gebiet hatte seine eigenen Spezialitäten aufzuweisen – und dies sicher auch bei der Gsälzbereitung.

Send dia aushausig, dia dent jo Butter onters Gsälz

Tips und Tricks bei der Haltbarmachung

Äpfel sind reich an gelatinierenden Stoffen (Pektinstoffen) und eignen sich deshalb besonders zum Beimischen.

*

Es ist notwendig, Frucht und Zucker genau abzuwiegen (und nicht nur zu schätzen), um ein Mißlingen zu verhindern.

*

Früchte nach dem Waschen sehr gut abtropfen lassen, um eine Verwässerung des Einmachgutes zu verhindern.

*

Ein ausreichend großes Kochgefäß ist notwendig, um ein starkes Aufkochen der Fruchtmasse zu ermöglichen; deshalb Topf nur zu einem Drittel füllen.

*

Gelierzucker wird mit den Früchten zusammen gekocht, pektinhaltige Flüssigkeiten erst *nach* dem Kochvorgang zugegeben.

*

Pulverisierte Geliermittel werden jedoch *mit* den Früchten gekocht; Zucker wird *nach* dem ersten Aufkochen zugegeben.

*

Erfordert das Rezept Zitronensäure, so kommt diese *vor* dem Kochen an die

Früchte, ist der Saft einer Zitrone verlangt, wird dieser erst *nach* dem Kochen zugegeben.

*

Zuckersparendes Geliermittel ist im Handel erhältlich. Es wird im Verhältnis 2:1 (2 Teile Frucht und 1 Teil Zucker) angewandt.

*

Für Diabetiker gibt es Diät-Gelier-Fruchtzucker.

*

Für Gsälz/Marmelade/Konfitüre wird das Fruchtmark einschließlich des Saftes verwendet, für Gelee nur der Fruchtsaft.

*

Die Früchte können entweder kleingeschnitten, mit einem Holzstampfer oder mit der Gabel zerdrückt oder im Mixer fein püriert werden.

*

„Marmelade" ist „Konfitüre" mit ganzen Fruchtstückchen.

*

Steinobst eignet sich nicht so gut zur Geleeherstellung; besser ist es im Verein mit Beeren- oder Kernobst.

*

Saft für Gelee gewinnt man entweder im Entsafter (im kalten Verfahren) oder durch Dampfentsaften. Man kann die Früchte aber nach dem Kochen durch ein Haarsieb passieren oder über Nacht durch ein grobes Leinen-/Baumwolltuch abtropfen lassen.

*

Beim Dampfentsaften die Früchte ohne Zukker- und Wasserzusatz entsaften.

*

Das Obst sollte ausgereift und einwandfrei sein (Fallobst eignet sich besser zur Herstellung von Kompotten).

*

Die Geräte für die Gsälzherstellung sollten nur für diesen Zweck verwendet werden und müssen fettfrei sein.

*

Als Töpfe eignen sich solche aus Kupfer oder Messing, emaillierte oder irdene Gefäße; Eisentöpfe sind nicht geeignet.

*

Schaum-, Schöpf- und Rührlöffel sollten aus Cromargan, Glas, Silber oder Holz sein.

*

Es empfiehlt sich, nicht mehr als 2 kg Früchte auf einmal zu verarbeiten.

*

Bei stark schäumenden Früchten sollte der Schaum mit dem Schaumlöffel entfernt werden.

*

Sollte man die Schale/Haut von Früchten (z. B. von Zwetschgen, Aprikosen, Pfirsichen usw.) nicht wünschen, legt man diese kurze Zeit in kochendheißes Wasser, dann löst sich die Haut besser.

*

Einen besonders fruchtigen Geschmack und leuchtende Farben erhält man, wenn man der Fruchtmasse kurz vor Einfüllen in die Gläser noch einige grobgeschnittene, frische Fruchtstücke unterzieht.

*

Nach Beendigung des Kochvorgangs empfiehlt sich eine Gelierprobe, da der Eigenpektingehalt der Früchte durch unterschiedliche Erntesituationen oft schwankt. Dazu wird ein Tropfen der Fruchtmasse auf einen kalten Teller gegeben. Geliert dieser sofort und läßt sich vom Teller abheben, muß der Kochvorgang nicht fortgesetzt werden.

*

Die Fruchtmasse wird heiß in die gut gereinigten und vorbereiteten Gläser gefüllt, wobei ein fingerbreiter Rand frei bleiben sollte.

*

Damit die Gläser beim Einfüllen nicht springen, setzt man sie vorher auf eine feuchte Unterlage.

*

Zum Verschließen der Gläser verwendet man das bekannte Einmach-Cellophan oder Gläser mit Dreh-, Patent- oder Schraubverschluß.

Cellophan vor dem Auflegen auf die Gläser
etwas anfeuchten.

*

Man kann auch ein in Korn, Rum oder Essig
getauchtes rundes Pergamentpapier-Blätt-
chen auf das Gsälz/Gelee legen und das Glas
mit reinem Baumwollstoff bedecken und zubinden.

*

Durch die Verwendung der sogenannten
Twist-off-Deckel bleibt die natürliche Farbe
der Früchte länger erhalten.

*

Um diese Gläser absolut luftdicht zu verschließen, ist es empfehlenswert, sie nach
dem Zudrehen kurz auf den Deckel zu stellen und nach einigen Minuten wieder umzu-
drehen.

*

Der Geliervorgang ist bei allen Früchten von
unterschiedlicher Dauer und kann bis zu
zwei Wochen dauern. Deshalb ist es sinnvoll,
die Gläser erst nach der Beendigung des Ge-
lierens endgültig wegzuräumen.

*

Man bewahrt die gut verschlossenen Gläser
am besten an einem kühlen, luftigen und
trockenen Ort auf.

Die vorstehenden 4 Farbbilder zeigen:

Kirschen-Gsälz
Erdbeer-Gsälz
Aprikosenkonfitüre
Schwäbisches Träublesgelee

Gsälz

Äpfel-Gsälz

1 kg säuerliche Äpfel (z. B. Boskop)
750 g Zucker
Schale einer halben Zitrone
(fein geschnitten)
etwas Zitronensaft

Die gewaschenen (evtl. auch geschälten) Äpfel werden kleingeschnitten, vom Kernhaus befreit und mit wenig Wasser aufgekocht. Diese Fruchtmasse durch ein Haarsieb streichen und mit dem Zucker, dem Zitronensaft und der -schale unter ständigem Rühren einkochen. Die Masse sollte vor dem Einfüllen in die vorbereiteten Gläser eine dickliche Konsistenz haben.

Birnen-Gsälz

1 kg reife Birnen
1/2 l Süßmost
2 Nelken
1 Stück Zimtstange
Zitronenschale (kleingeschnitten)

Die Birnen, die noch hart sein müssen, werden geschält, vom Kernhaus befreit und in dünne Scheiben geschnitten. Dann werden sie in dem Süßmost unter häufigem Abschäumen leicht gekocht, bis sie weich sind. Nun gibt man Nelken, Zimtstange und Zitronenschale zu und läßt alles nochmals gut durchkochen. Fängt die Masse an, dicklich zu werden, läßt man sie erkalten und gibt sie in einen Topf aus Steingut. Man tränkt Pergamentpapier mit etwas Birnen- oder Kirschengeist und bindet den Topf damit zu.

Brombeer-Gsälz

500 g reife Brombeeren
500 g Zucker
1 EL Zitronensaft

Brombeeren entstielen und entkelchen, kurz mit Wasser überbrausen und mit dem Zucker in einem Gefäß eine Zeitlang ziehen lassen. Auf kleinem Feuer unter ständigem Rühren zum Kochen bringen, Zitronensaft zufügen und nochmals aufwallen lassen. Noch etwas ziehen lassen, Gelierprobe machen und in vorbereitete Gläser füllen.

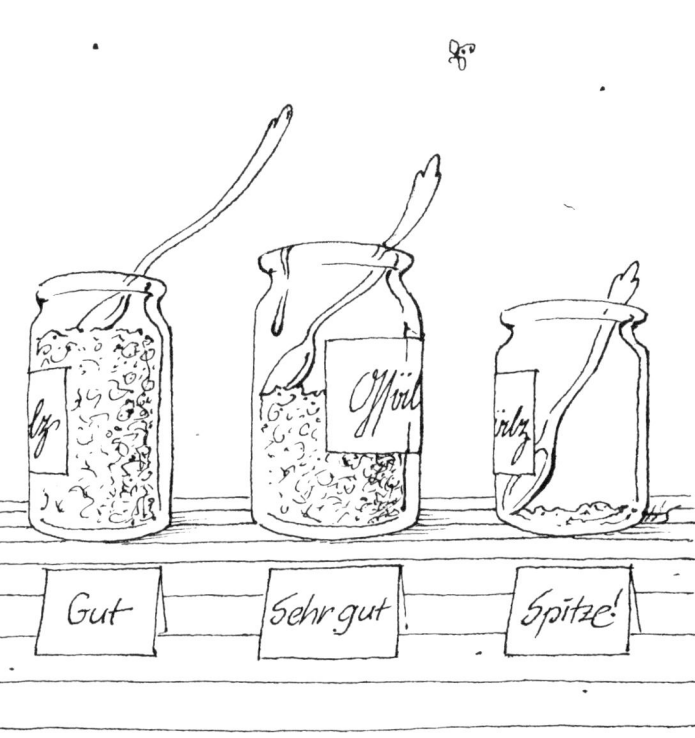

Gut   Sehr gut   Spitze!

Dreierlei Gsälz

Dreierlei-Gsälz

1 kg ausgesteinte Sauerkirschen
500 g Zucker
500 g rote Träuble (Johannisbeeren)
375 g Zucker
500 g Himbeeren, 250 g Zucker

Ausgesteinte, gut gewaschene Kirschen mit 500 g Zucker mischen und langsam unter ständigem Rühren zum Kochen bringen. Einige Male aufwallen lassen, die Kirschen mit dem Schaumlöffel aus dem Saft nehmen und in ein Gefäß geben. Träuble von den Stielen befreien, waschen und Himbeeren ebenfalls vorbereiten. Mit dem restlichen Zucker in den kochenden Kirschensaft geben und darin noch kurz aufwallen lassen. Himbeeren und Träuble zu den Kirschen geben und Saft, wenn nötig, noch etwas eindicken lassen. Die gesamten Früchte wieder zu dem Saft geben, noch kurz darin ziehen lassen und heiß in die vorbereiteten Gläser füllen. Sofort verschließen.

Erdbeer-Gsälz

500 g Erdbeeren
375 g Zucker
1 EL Zitronensaft

Die vorbereiteten und etwas kleingeschnittenen Früchte mit dem Zucker in
einem Gefäß mischen und eine Zeitlang
stehenlassen. Haben sie etwas Saft gezo-
gen, unter ständigem Rühren aufkochen
lassen und kurz durchkochen. Erdbeeren
mit dem Schaumlöffel auf eine Platte geben und den Saft noch etwas einkochen.
Früchte dem Saft wieder zufügen, Zitronensaft zugeben, kurz ziehen lassen und
evtl. abschäumen. In vorbereitete Gläser
füllen und sofort verschließen.

Hagebutten-Gsälz

500 g sehr reife Hagebutten
250 g Zucker
1 EL feingehackte Zitronenschale

Früchte von Stiel und Kelch befreien und Kerne sauber entfernen. Die fleischigen Teile der Hagebutten mit sehr wenig Wasser weich kochen, durch ein Haarsieb passieren und im Verhältnis 1 : 1 (250 g Fruchtmasse auf 250 g Zucker) in einen geeigneten Topf geben. Unter ständigem Rühren aufkochen, Zitronenschale zugeben und einmal aufwallen lassen. In Gläser füllen und verschließen.

Hägenmark

Hägenmark wird ebenfalls aus sehr reifen Hagebutten hergestellt. Dazu werden die ganzen oder entkernten Früchte mit etwas Rotwein in ein Gefäß gegeben und – bis sie ganz weich sind – an einen kühlen Ort gestellt. Dabei sollten sie immer wieder umgerührt werden. Danach die Fruchtmasse durch ein feines Sieb streichen und auf 500 g Hägenmark 500 g Zucker bringen und gut aufkochen lassen. Das Hägenmark in eine Schüssel geben, unter Rühren erkalten lassen, in ein Gefäß aus Steingut geben und mit in Kirschwasser (oder einem anderen hochprozentigen Alkohol) getränktem Pergamentpapier zubinden.

Heidelbeer-Gsälz

750 g Heidelbeeren
350 g Zucker
etwas gemahlener Zimt

Heidelbeeren verlesen, waschen und auf ein Sieb zum Abtropfen geben. Früchte und Zucker in einen Topf geben und unter vorsichtigem Rühren einige Male aufkochen lassen. 2 Messerspitzen Zimt zugeben, unterheben und die Fruchtmasse nach der Gelierprobe in bereitstehende Gläser füllen.

Himbeer-Gsälz

500 g Himbeeren
(sie sollten nicht überreif sein)
1 EL Zitronensaft
500 g Zucker

Himbeeren entstielen, entkelchen und sorgfältig verlesen, jedoch nicht waschen. Nur erstklassige Früchte verwenden. Diese in einen Topf geben, mit Zucker mischen und unter ständigem Rühren zum Kochen bringen. Einige Male kurz aufwallen lassen, gegebenenfalls den Schaum abschöpfen und Zitronensaft zugeben. Noch kurz ziehen lassen und nach der Gelierprobe in vorbereitete Gläser abfüllen.

Kirschen-Gsälz

500 g Sauerkirschen
500 g Süßkirschen
750 g Zucker
1 EL Zitronensaft
2 Nelken
1 Stück Zimtstange

Kirschen sorgfältig waschen, entsteinen und zusammen mit dem Zucker, den Nelken und der Zimtstange Saft ziehen lassen. In einem Gefäß unter ständigem Rühren langsam zum Kochen bringen und eine Zeitlang gut durchkochen. Nelken und Zimtstange entfernen, Zitronensaft zufügen und noch kurz ziehen lassen. Mit dem Schaumlöffel evtl. vorhandenen Schaum entfernen und die Fruchtmasse nach der Gelierprobe in vorbereitete Gläser abfüllen und sofort heiß verschließen.

Preiselbeer-Gsälz
(eigmachte Preiselbeeren)

---

1 kg reife Preiselbeeren
400 g Zucker
Schale einer unbehandelten Zitrone

Die Preiselbeeren verlesen und gut waschen. Einen knappen Viertelliter Wasser
und die Beeren in eine Schlüssel geben
und über Nacht ziehen lassen. Früchte
mit dem Zucker und der Zitronenschale
in einen Kochtopf geben und so lange kochen, bis die Beeren weich sind (das Ein-
weichwasser wird mitgekocht). Nun
nimmt man das Kochgut vom Feuer und
rührt die Preiselbeeren etwas kalt; auf
diese Weise füllen sie sich wieder mit
Fruchtsaft. Fruchtmasse in vorbereitete
Gläser füllen und verschließen, dabei die
Zitronenschale entfernen.

Quitten-Gsälz

6 bis 8 frische Quitten
375 g Zucker
Zitronenschale (fein geschnitten)

Den feinen Flaum der Früchte mit einem festen Tuch abreiben und Quitten in Wasser weich kochen. Mit kaltem Wasser abschrecken und Haut entfernen. Auf einem groben Reibeisen bis auf das Kernhaus abreiben und auf 500 g geriebene Fruchtmasse 375 g Zucker geben. Quittenmark, Zucker, etwas Kochbrühe und die Zitronenschale in einen Topf geben und unter Rühren zu einer dickflüssigen Masse einkochen. In bereitstehende Gläser füllen und verschließen.

Stachelbeer Gsälz

Stachelbeer-Gsälz

500 g reife Stachelbeeren (rot oder gelb)
250 g Zucker
1 EL Zitronensaft

Die Früchte werden gründlich gewaschen, von den Stielen und Blüten befreit und durch den Fleischwolf gegeben oder im Mixer kurz zerkleinert. Mit dem Zucker die Fruchtmasse vermischen und in einem Topf zum Kochen bringen. (Man kann die Stachelbeeren auch im ganzen in wenig Wasser weich kochen und dann durch ein Sieb streichen.) Das Kochgut so lange unter ständigem Rühren kochen, bis die Masse dicklich wird und flockig vom Löffel fällt. Nun fügt man den Zitronensaft bei, nimmt den Topf vom Feuer, rührt das Gsälz etwas kalt und füllt es in bereitstehende Gläser.

Träubles-Gsälz (rot)

500 g rote Träuble (Johannisbeeren)
400 g Zucker

Die Beeren von den Stielen befreien und gründlich waschen. Früchte mit Zucker vermischen und in einem Topf unter ständigem Rühren zum Kochen bringen. Einige Male aufwallen lassen, Schaum abschöpfen und die Masse nach der Gelierprobe in die vorbereiteten Gläser oder in Steinguttöpfe geben und verschließen.

Träubles-Gsälz (schwarz)

500 g schwarze reife Träuble
(Johannisbeeren)
500 g Zucker
1 EL Zitronensaft
etwas Zitronenschale (kleingeschnitten)

Die gut reifen Früchte von den Stielen und evtl. noch vorhandenen Blütenresten befreien und sorgfältig waschen. Mit Zucker und Zitronenschale mischen und etwas Saft ziehen lassen. Anschließend in einem geeigneten Gefäß zum Kochen bringen und unter ständigem Rühren einige Male aufwallen lassen. (Schwarze Träuble werden durch zu starkes Kochen gerne hart, deshalb sollte man die Hitze wohl dosieren.) Zitronensaft zufügen und noch etwas ziehen lassen. Fruchtmasse in vorbereitete Gläser füllen und sofort heiß verschließen.

Wacholder-Gsälz

500 g Wacholderbeeren
250 g Zucker
2 EL Zitronensaft

Beeren mit den Stielen waschen, von den Stengeln befreien und mit dem Zucker unter Rühren eine Zeitlang kochen, bis die Fruchtmasse eine dickliche Konsistenz erreicht. Den Zitronensaft unterrühren und nochmals kurz aufkochen. In vorbereitete Gläser abfüllen und sofort heiß verschließen.

Zwetschgen-Gsälz

500 g Zwetschgen
250 g Zucker
Saft einer Zitrone

Zwetschgen mit heißem Wasser brühen und von der Haut befreien. Kerne entfernen und die Früchte mit dem Zucker in einem Gefäß weich kochen. Zitronensaft zugeben, das Ganze nochmals aufwallen lassen und in Gläser abfüllen. Man kann die Zwetschgen auch heiß durch ein feines Sieb passieren, nochmals aufkochen lassen und in Gläser geben. (Gsälz von Zwetschgen kann auch mit einem Schuß Rum verfeinert werden.)

Marmelade und Konfitüre

Aprikosenkonfitüre

500 g Aprikosen
500 g Gelierzucker
(oder Geliermittel und 550 g Zucker)
1 EL Apricot

Die Früchte, falls gewünscht, mit heißem Wasser übergießen, die Haut abziehen. Dann von den Steinen befreien und in kleinere Stücke schneiden oder die Hälfte im Mixer pürieren und den Rest vierteln. Fruchtmasse und Zucker mischen und unter ständigem Rühren zum Kochen bringen. Etwa 2 Minuten kräftig sprudeln lassen, Apricot zugeben und unterrühren. (Bei Verwendung von Geliermitteln nach entsprechender Gebrauchsanweisung verfahren.) Das Kochgut in vorbereitete Gläser füllen und sofort heiß verschließen.

Aprikosen-Pfirsich-Marmelade

500 g Aprikosen
500 g Pfirsiche
1 kg Gelierzucker
(oder Geliermittel und 1125 g Zucker)
1 TL sehr klein geschnittene
Zitronenschale

Die blanchierten und von der Haut befreiten, entsteinten Früchte in den Fleischwolf geben oder im Mixer pürieren. Fruchtmasse und Zucker mit der Zitronenschale mischen, unter ständigem Rühren zum Kochen bringen und einige Male kräftig aufkochen lassen. (Bei Verwendung von Geliermitteln nach entsprechender Gebrauchsanweisung verfahren.) Die vorbereiteten Gläser mit der Fruchtmasse füllen und sofort verschließen. (Auch hier erhält man eine Konfitüre, wenn ein Teil der Früchte nicht püriert, sondern nur kleingeschnitten wird. Nicht unbedingt notwendig ist es, die Haut der Früchte zu entfernen.)

Birnenmarmelade

500 g feste, reife Birnen
500 g Gelierzucker
(oder Geliermittel und 500 g Zucker)
1–2 EL Williamsgeist

Birnen gründlich waschen und mit oder ohne Schale im Mixer zerkleinern. Fruchtmasse mit dem Zucker in einen Topf geben, zum Kochen bringen und 2 bis 3 Minuten kräftig sprudeln lassen. (Bei Verwendung von Geliermitteln nach entsprechender Gebrauchsanweisung verfahren). Mit Williamsgeist verfeinern und sofort in bereitstehende Gläser füllen und verschließen.

Erdbeer-Apfel-Konfitüre

500 g reife Erdbeeren
600 g säuerliche Äpfel
1 kg Gelierzucker
(oder Geliermittel und 1250 g Zucker)

Äpfel schälen, vom Kernhaus befreien und in kleine Schnitze schneiden. Die Erdbeeren waschen, entstielen, entkelchen und größere Früchte etwas kleiner schneiden. Fruchtstückchen mit dem Zucker in einem Gefäß mischen und eine Zeitlang stehenlassen, damit etwas Saft ziehen kann. (Bei Verwendung von Geliermitteln nach entsprechender Gebrauchsanweisung vorgehen.) Unter ständigem Rühren zum Kochen bringen und einige Minuten kräftig aufwallen lassen. (Dieser Fruchtmasse kann man zur Verfeinerung auch einen Eßlöffel Calvados zufügen.) Nun das Kochgut in vorbereitete Gläser abfüllen und sofort heiß verschließen.

Erdbeermarmelade

500 g reife Erdbeeren
500 g Gelierzucker
(oder Geliermittel und 575 g Zucker)
Schale einer unbehandelten Zitrone

Erdbeeren entkelchen, zerkleinern und mit der Gabel zerdrücken oder im Mixer kurz zerkleinern. Fruchtmasse und Zucker eine Zeitlang ziehen lassen und mit der Zitronenschale zum Kochen bringen. (Bei Verwendung von Geliermitteln nach entsprechender Gebrauchsanweisung verfahren.) Kochgut etwa 3 Minuten stark kochen lassen, Zitronenschale entfernen und sofort in Gläser füllen und noch heiß verschließen.

Gelbe-Rüben-Marmelade

1 kg gelbe Rüben
(Möhren, Karotten)
400 g Zucker
2 Zitronen

Die gelben Rüben (nur zartes, junges Gemüse verwenden) werden sauber gewaschen und in wenig Wasser weich gekocht. Gemüse durch ein grobes Sieb passieren und mit etwas Wasser, dem Zucker, der abgeriebenen Zitronenschale und dem Saft der Zitronen in einen Topf geben und zum Kochen bringen. Unter ständigem Rühren eine Zeitlang gut durchkochen lassen und Gelierprobe machen. Anschließend in vorbereitete Gläser füllen und sofort heiß verschließen.

Himbeermarmelade

---

500 g vorbereitete Himbeeren
500 g Gelierzucker
(oder Geliermittel und 500 g Zucker)
1 bis 2 EL Himbeergeist

Die von den Stielen und Kelchen befreiten Himbeeren mit dem Zucker mischen und unter ständigem Rühren zum Kochen bringen. (Bei Verwendung von Geliermitteln nach entsprechender Gebrauchsanweisung vorgehen.) Eine gute Minute kräftig aufkochen, Himbeergeist unterrühren und heiß in bereitstehende Gläser füllen.

Johannisbeer-
marmelade

---

750 g rote Träuble
500 g schwarze Träuble
1250 g Gelierzucker
(oder Geliermittel und 1250 g Zucker)

Beeren mit heißem Wasser überbrausen und von den Stengeln befreien. Durch den Fleischwolf geben oder im Mixer kurz pürieren und mit dem Zucker in einem ausreichend großen Gefäß zum Kochen bringen. (Bei Verwendung von Geliermitteln nach entsprechender Gebrauchsanweisung verfahren.) Kochgut 2 Minuten kräftig sprudelnd kochen lassen, in vorbereitete Gläser füllen und sofort verschließen.

Kirsch-Himbeer-
Konfitüre

---

500 g entsteinte Sauerkirschen
500 g Himbeeren
1 kg Gelierzucker
(oder Geliermittel und 1100 g Zucker)

Die entsteinten und halbierten Kirschen und die vorbereiteten Himbeeren vorsichtig mit dem Zucker mischen und unter Rühren zum Kochen bringen. (Bei Verwendung von Geliermitteln nach entsprechender Gebrauchsanweisung verfahren.) Alles etwa 3 bis 4 Minuten kräftig sprudelnd kochen, noch heiß in bereitstehende Gläser abfüllen und sofort verschließen.

Kürbismarmelade

1 kg Kürbis
250 g Zucker
$^1/_2$ Liter Wasser
3 bis 4 EL Kräuteressig

Kürbis schälen, das innere Mark entfernen und den Rest in kleine Stückchen schneiden. In dem Wasser die Frucht weich kochen und durch ein Sieb streichen. Fruchtmasse und Zucker unter ständigem Rühren zu einer dicklichen Konsistenz einkochen und zum Schluß den Essig zufügen. Marmelade in vorbereitete Gläser füllen und heiß mit einem Drehverschluß verschließen oder erkalten lassen, mit einem mit Arrak befeuchteten Pergamentpapier bedecken und mit Einmach-Cellophan verschließen. Aus Geschmacksgründen kann man Kürbis auch mit Äpfeln mischen, wobei man die Menge im Verhältnis 1 : 1 nimmt.

Mirabellenkonfitüre

*500 g reife, aber
noch feste Mirabellen
500 g Gelierzucker
(oder Geliermittel und 550 g Zucker)
Saft einer halben Zitrone*

Mirabellen waschen, halbieren, entsteinen und mit dem Gelierzucker vermischt eine Zeitlang ziehen lassen. In einem Topf zum Kochen bringen (evtl. $1/2$ Zimtstange zufügen), dabei ständig rühren. (Bei Verwendung von Geliermitteln nach entsprechender Gebrauchsanweisung verfahren.) Nachdem das Kochgut kräftig sprudelt, 3 bis 4 Minuten kochen lassen und danach die Zimtstange entfernen. Fruchtmasse in bereitstehende Gläser füllen und sofort heiß verschließen.

Quittenmarmelade

Etwa 2 kg reife Quitten
1 Zimtstange
1 kg Gelierzucker
(oder Geliermittel und Zucker)

Quitten mit einem Tuch abreiben und dadurch den feinen Flaum entfernen. Danach gründlich waschen, Blüte entfernen und knapp mit Wasser bedeckt etwa 25 Minuten kochen lassen. Früchte abkühlen lassen, schälen, vierteln und entkernen. 1 kg Fruchtfleisch abwiegen, durch ein Sieb streichen und mit dem Gelierzucker vermischen. Zusammen mit der Zimtstange unter Rühren zum Kochen bringen. (Bei Verwendung von Geliermitteln nach entsprechender Gebrauchsanweisung verfahren.) Sobald das Kochgut kräftig sprudelt, etwa 2 Minuten durchkochen lassen, Zimtstange entfernen und in vorbereitete Gläser abfüllen. Noch heiß mit Drehverschluß oder Patentverschluß verschließen.

Rhabarber-Erdbeer-Konfitüre

750 g Rhabarber
500 g reife Erdbeeren
1200 g Gelierzucker
(oder Geliermittel und 1400 g Zucker)
1/2 Zimtstange

Den vorbereiteten Rhabarber ungeschält in fingerdicke Scheiben schneiden. Erdbeeren vierteln und alles mit dem Zucker mischen. Zimtstange zugeben und in einem Gefäß unter ständigem Rühren zum Kochen bringen. (Bei Verwendung von Geliermitteln nach entsprechender Gebrauchsanweisung verfahren.) Die Fruchtmasse etwa 3 Minuten sprudelnd kochen lassen, Zimtstange entfernen und sofort heiß in vorbereitete Gläser abfüllen und verschließen.

Schwarzwälder Sauerkirschmarmelade

1 kg entsteinte Sauerkirschen
(Weichseln, Schattenmorellen)
1 kg Gelierzucker
(oder Geliermittel und 1125 g Zucker)
2 ganze Nelken
$^1/_2$ Zimtstange
1 bis 2 EL Kirschwasser

Sauerkirschen waschen, entsteinen und im Mixer pürieren oder durch den Fleischwolf drehen. Fruchtmasse und Zucker vermischen, Nelken und Zimtstange zugeben und alles unter ständigem Rühren zum Kochen bringen. (Bei Verwendung von Geliermitteln nach entsprechender Gebrauchsanweisung verfahren.) Einige Minuten gut kochen lassen. Kirschwasser zugeben und Kochgut in vorbereitete Gläser abfüllen. Nelken und Zimtstange können nach Belieben entfernt werden.

Stachelbeerkonfitüre

500 g Stachelbeeren
500 g Gelierzucker
(oder Geliermittel und 575 g Zucker)
1/2 Zimtstange

Früchte waschen, von Stengeln und Blütenresten befreien und die Hälfte der Früchte durch den Fleischwolf geben oder im Mixer zerkleinern, den Rest halbieren. Diese Fruchtmasse mit dem Zukker mischen und zusammen mit der Zimtstange zum Kochen bringen. (Bei Verwendung von Geliermitteln nach entsprechender Gebrauchsanweisung verfahren.) Einige Minuten kräftig aufwallen lassen, Zimtstange entfernen und das Kochgut in vorbereitete Gläser füllen.

Tomatenmarmelade

1 kg reife Tomaten (Fleischtomaten)
500 g Gelierzucker
(oder Geliermittel und 500 g Zucker)
Schale einer unbehandelten Zitrone

Die entstielten Tomaten waschen und zerschneiden. Ohne Wasserzugabe auf kleinem Feuer kurz aufkochen und durch ein Sieb streichen. Fruchtmark (500 g) und Zucker mit der Zitronenschale in einen ausreichend großen Topf geben und unter ständigem Rühren einige Male aufkochen lassen. (Bei Verwendung von Geliermitteln nach entsprechender Gebrauchsanweisung verfahren.) Zitronenschale entfernen und noch heiß in vorbereitete Gläser füllen und sofort verschließen.

Gelee und Mus

Schwäbisches Apfelgelee

Diese Geleeherstellung eignet sich vorzüglich zur Fallobst-Verwertung und wurde jahrzehntelang von sparsamen schwäbischen Hausfrauen praktiziert. Dazu heißt es in einem alten schwäbischen Kochbuch: „Es wird dadurch gerade dasjenige Obst für den menschlichen Genuß erhalten, das sonst vollständig verlorenginge, und darin liegt der besondere Wert."

Die Äpfel – es dürfen auch unreife darunter sein – werden gründlich gewaschen, zerschnitten und, ohne die Schale und das Kernhaus zu entfernen, in einen großen Topf gegeben und knapp mit Wasser bedeckt. Anschließend kocht man das Obst, bis es weich ist. Die Äpfel dürfen aber nicht zerfallen.

Das Kochgut wird durch ein grobes Leinentuch oder ein sehr feines Haarsieb gegossen, ohne die Äpfel zu zerdrücken, da sie sonst kostbaren Saft aufsaugen würden. Den gewonnenen Saft abmessen, im Verhältnis 500 g Zucker auf 1 l Flüssigkeit mit Zucker versetzen und in einem geeigneten Gefäß bis zur Geleeprobe eindicken. Je mehr Zucker verwendet wird, um so schneller geliert der Saft, was jedoch auf Kosten eines feinen, säuerlichen Geschmackes geht. (Man kann zur Geschmacksverbesserung vor dem Kochen des Saftes noch etwas Vanille zufügen, die Schote jedoch vor Einfüllen in die Gläser entfernen.) Während des Geliervorgangs häufig mit einem Schaumlöffel abschäumen und ständig umrühren. Löst sich der Saft nicht mehr in Tropfen, sondern in Fetzen vom Kochlöffel, wird das Gelee in vorbereitete Gläser gefüllt und mit angefeuchtetem Cellophan verschlossen.

Apfelgelee mit Erdbeeren

1 l selbst zubereiteter Apfelsaft
1 kg Gelierzucker
(oder Geliermittel und Zucker)
250 g reife feste Erdbeeren
1/2 Zimtstange oder
Schale einer unbehandelten Zitrone

Etwa 2 1/2 Pfund säuerliche Äpfel gründlich waschen, in Stücke schneiden und mit Wasser (knapp bedeckt) aufkochen. Die Äpfel dürfen nicht zerfallen, da sie sonst zu viel Saft aufsaugen. Fruchtmasse über ein grobes Leinentuch geben und abtropfen lassen. Apfelsaft mit dem Gelierzucker in einen großen Topf geben und unter Rühren zum Kochen bringen. (Bei Verwendung von Geliermitteln nach entsprechender Gebrauchsanweisung vorgehen.)
Zimtstange oder Zitronenschale zum Kochgut geben und unter Rühren etwa 2 Minuten sprudelnd kochen lassen. In der Zwischenzeit Gläser vorbereiten, die

Erdbeeren je nach Größe halbieren oder vierteln (optisch sehr gut eignen sich auch Walderdbeeren, die jedoch im ganzen verwendet werden). In die Gläser gleichmäßig verteilen und Gelee ohne Zimtstange/Zitronenschale über die Erdbeeren gießen.

Zviel isch bitter,
ond wenn's Honig wär

Birnengelee

1 l selbstzubereiteter Birnensaft
500 g Gelierzucker
(oder Geliermittel und Zucker)
1 Zimtstange
Schale einer unbehandelten Zitrone

Aus gut gewaschenen und kleingeschnittenen festen Birnen durch Aufkochen mit Wasser und Passieren durch ein Sieb einen Birnensaft herstellen. Diesen in einem großen Topf mit dem Zucker mischen und aufkochen lassen. (Bei Verwendung von Geliermitteln nach entsprechender Gebrauchsanweisung verfahren.) Sobald das gesamte Kochgut kräftig sprudelt, etwa 2 Minuten kochen – dabei die Zimtstange und Zitronenschale zugeben – und evtl. abschäumen. Zimtstange und Schale entfernen, Kochgut in vorbereitete Gläser füllen und sofort verschließen.

Himbeergelee

1 l selbstzubereiteter
Himbeersaft
1 kg Gelierzucker
(oder Geliermittel und Zucker)

Etwa 1,5 kg Himbeeren verlesen, mit einem Holzstampfer zerdrücken und kurz erhitzen. Fruchtbrei auf ein gespanntes Leinentuch geben und nach dem Erkalten kräftig auspressen. Himbeersaft und Gelierzucker mischen und unter ständigem Rühren zum Kochen bringen. (Bei Verwendung von Geliermitteln nach entsprechender Gebrauchsanweisung vorgehen.) Sobald das gesamte Kochgut kräftig sprudelt, 2 Minuten kochen lassen. Evtl. abschäumen, in vorbereitete Gläser füllen und sofort heiß verschließen.

Himbeer-Träuble-Gelee

750 g rote Träuble
750 g reife Himbeeren
1 kg Gelierzucker
(oder Geliermittel und
entsprechende Menge Zucker)

Himbeeren verlesen, Johannisbeeren waschen, aber nicht entstielen, und alles mit einem Holzstampfer zerdrücken. Mit etwas Wasser zum Kochen bringen und kurz aufwallen lassen. Kochgut auf einem Safttuch abtropfen lassen und nach dem Erkalten gut auspressen. Fruchtsaft (ergibt etwa 1 l) mit dem Gelierzucker in einen Topf geben und erhitzen. (Bei Verwendung von Geliermitteln nach entsprechender Gebrauchsanweisung vorgehen.) Den kochenden Saft unter ständigem Rühren etwa 2 Minuten stark kochen lassen und sofort in vorbereitete Gläser abfüllen. Zur optischen Verschönerung kann man einige feste Himbeeren zurückbehalten und in die vorbereiteten Gläser verteilen).

I be koi Schlegger,
aber was i net mag,
des laß i schtanda

Flieder Mus

Holdergelee

1 kg Holunderbeeren
750 g Gelierzucker
(oder Geliermittel und Zucker)
1/2 Vanilleschote

Holderbeeren waschen, nicht entstielen, und mit einem Holzstampfer zerdrük-ken. In einem Topf mit der Vanilleschote und wenig Wasser aufkochen und über einem groben Leinentuch abtropfen lassen. Nach Erkalten des Fruchtbreies die Masse kräftig auspressen und mit dem Gelierzucker im Verhältnis 1 : 1 in einen großen Topf geben. Unter Rühren aufkochen lassen, gegebenenfalls abschäumen und einige Minuten kräftig sprudeln lassen. Fruchtsaft sofort heiß in vorbereitete Gläser abfüllen und verschließen. (Bei Verwendung von Geliermitteln nach entsprechender Gebrauchsanweisung vorgehen.) Dieses Gelee schmeckt besonders gut, wenn man dazu die Hälfte Zwetschgen verwendet.

Johannisbeergelee
mit Äpfeln

---

1 l selbsthergestellter
Saft von roten Träuble
1 kg Gelierzucker
(oder Geliermittel und Zucker)
3 kleine säuerliche Äpfel
etwas Wasser und feinen Zucker
evtl. 2 EL Calvados

Aus etwa 2 kg roten Träuble durch Aufkochen und Passieren Saft herstellen und
mit dem Gelierzucker mischen. (Bei Verwendung von Geliermitteln nach entsprechender Gebrauchsanweisung vorgehen.) Saft und Zucker unter Rühren in einem geeigneten Gefäß zum Kochen bringen. Dabei ständig rühren und evtl. abschäumen. In der Zwischenzeit die Äpfel
schälen, in kleine Stückchen schneiden
und mit etwas Wasser und dem feinen
Zucker kurz aufkochen (sie dürfen nicht
zerfallen, sondern müssen noch fest bleiben). Wenn sie etwas erkaltet sind, mit
dem Calvados in vorbereitete Gläser ver-

teilen. Den Johannisbeersaft nach Aufkochen 2 Minuten kräftig sprudeln lassen und dann sofort heiß über die Apfelstückchen in die Gläser verteilen und verschließen.

Wer sich net satt ißt,
der schleggd sich ao net satt

Kirschgelee mit Himbeeren

1 l Sauerkirschsaft (selbst zubereitet)
1 kg Gelierzucker
(oder Geliermittel und Zucker)
400 g frische, noch feste Himbeeren

Aus etwa 2 Pfund Sauerkirschen (Weichseln, Schattenmorellen) 1 l Kirschsaft herstellen und mit dem Gelierzucker in einen geeigneten Topf geben. (Bei Verwendung von Geliermitteln nach entsprechender Gebrauchsanweisung vorgehen.) Kirschsaft und Zucker unter ständigem Rühren zum Kochen bringen und kräftig sprudelnd 2 Minuten kochen. In der Zwischenzeit die reifen Himbeeren verlesen, von Stiel und Kelch befreien und säubern, jedoch nicht waschen. In die bereitgestellten Gläser gleichmäßig verteilen und den heißen Kirschsaft darübergießen. Gläser sofort mit Drehverschluß oder Einmach-Cellophan verschließen.

Schwäbisches Quittengelee

Die Quitte, eine nur noch selten im Haushalt genutzte Frucht, eignet sich besonders gut zur Herstellung von Gelee. Sie hat einen hohen Anteil an Gelierstoffen und kann auch als Zusatz für Gelee aus anderen Früchten verwendet werden.

Die Früchte werden gut abgerieben und vom feinen Flaum befreit. Anschließend werden sie gründlich gewaschen, geschnitten und knapp mit Wasser bedeckt zum Kochen gebracht. Wenn die Quittenschnitze weich sind, über ein grobes Leinentuch oder feines Haarsieb geben und abtropfen lassen, nicht auspressen. Den gewonnenen Saft im Verhältnis 600 g Zucker auf 1 l Saft in ein geeignetes Gefäß geben und unter ständigem Rühren bis zur Geleeprobe eindicken. Falls nötig, mit dem Schaumlöffel abschäumen. Löst sich der Saft nicht mehr in Tropfen, sondern in Fetzen vom Kochlöffel, füllt man das Gelee in vorbereitete Gläser und verschließt sie mit leicht angefeuchtetem Einmach-Cellophan.

Quittengelee mit Wein

3/4 l Quittensaft selber herstellen
1/4 l leichter Weißwein
1 kg Gelierzucker
(oder Geliermittel und
entsprechende Menge Zucker)
1/2 Vanillestange

Die Früchte (ca. 1500 g) gut abreiben und vom feinen Flaum befreien. Anschließend gründlich waschen, in Schnitze schneiden und knapp mit Wasser bedeckt zum Kochen bringen. Wenn die Quitten weich sind, über ein gespanntes Leinentuch geben und Saft ablaufen lassen. Diesen Saft mit Wein und Gelierzucker vermischen, aufgeschlitzte Vanillestange zugeben und unter Rühren zum Kochen bringen. Wenn das Kochgut kräftig sprudelt, 2 Minuten durchkochen lassen, dann die Vanillestange entfernen. Fruchtsaft in vorbereitete Gläser abfüllen und sofort heiß verschließen. (Bei Verwendung von Geliermitteln nach entsprechender Gebrauchsanweisung vorgehen.)

Essa ond Drengge verhält oin, net's Schaffa!

Rhabarbergelee

1 l Fruchtsaft aus
etwa 2 kg Rhabarber herstellen
1 kg Gelierzucker
(oder Geliermittel und
entsprechende Menge Zucker)
Schale einer unbehandelten
Zitrone

Rhabarber waschen, aber nicht häuten, und in Stücke schneiden. Mit etwas Wasser in einen Kochtopf geben und zum Kochen bringen. Dann etwa 5 Minuten im geschlossenen Topf ziehen lassen. Fruchtmasse über ein grobes Leinentuch laufen lassen und nach dem Erkalten kräftig auspressen. Rhabarbersaft und Gelierzucker mit der Zitronenschale in einen ausreichend großen Topf geben und unter ständigem Rühren zum Kochen bringen. Flüssigkeit etwa 2 Minuten stark sprudelnd kochen lassen und Zitronenschale entfernen. Mit einem Schaumlöffel entschäumen, heiß in vorbereitete Gläser füllen und sofort verschließen. (Bei Verwendung von Geliermitteln nach entsprechender Gebrauchsanweisung verfahren.)

Kommet er noch em Kaffee,
no kennet er zom Nachtessa
wieder drhoim sei

Schwäbisches Träublesgelee

Hierfür können sowohl rote oder schwarze Träuble als auch beide Sorten gemischt verwendet werden. Die Beeren werden von den Stengeln abgestreift, in einem Sieb gründlich abgebraust und fast ohne Wasserzusatz unter ständigem Rühren leicht aufgekocht. Anschließend wird das Kochgut über ein großes Leinentuch gegeben und zum Schluß kräftig ausgepreßt und evtl. filtriert. Den so gewonnenen Saft im Verhältnis 750 g Zucker auf 1 l Saft in einem großen Gefäß unter ständigem Rühren bis zur Geleeprobe eindikken (etwa 15 Minuten) und, wenn nötig, abschäumen. Fällt der Saft in kleinen Fetzen vom Kochlöffel, füllt man das Gelee in vorbereitete Gläser und verschließt sie mit Cellophan oder Pergamentpapier. Früher preßte man die Träuble nicht aus, sondern kochte sie mit etwas Essig und Zucker nochmals ein, nachdem der Saft für das Gelee nur durch einfaches Durchlaufen gewonnen wurde, und verwendete sie als Beilage zu Ochsenfleisch.

Vierfruchtgelee

1 l Johannisbeer- und Himbeersaft
(2 kg rote Johannisbeeren,
500 g Himbeeren)
250 g kleine, reife Stachelbeeren
250 g feste Heidelbeeren
1 kg Gelierzucker
(oder Geliermittel und Zucker)
1 aufgeschlitzte Vanilleschote
Schale einer unbehandelten Zitrone

Johannisbeeren und Himbeeren von Stielen und Stengeln befreien und waschen. Mit der Vanilleschote und der Zitronenschale in einen großen Topf geben und eine Zeitlang unter ständigem Rühren kochen lassen (etwa 3 Minuten). Auf einem Safttuch abtropfen lassen, kräftig auspressen und den gewonnenen Saft mit dem Gelierzucker erhitzen. (Bei Verwendung von Geliermitteln nach entsprechender Gebrauchsanweisung vorgehen.) In der Zwischenzeit ausreichend Gläser bereitstellen, die gewaschenen und von

Stielen und Blütenresten befreiten Stachelbeeren und Heidelbeeren darin verteilen. Das Kochgut einige Minuten sprudelnd kochen lassen und in die vorbereiteten Gläser mit den frischen Früchten
füllen. Mit Drehverschluß oder angefeuchtetem Cellophan sofort heiß verschließen.

**Wenn dr Bauch voll isch,
lauft dr Schnabl über**

Schwäbisches Apfelmus

Zur Herstellung von Apfelmus sind besonders reife und süße Apfelsorten geeignet. Auch bietet sich hier reifes Fallobst an. Die Äpfel werden gründlich gewaschen, evtl. angeschlagene Teile entfernt, und in grobe Schnitze geteilt. Dann dämpft man das Obst in wenig Wasser weich (oder im Dampftopf) und streicht es durch ein feines Sieb. Diesem Fruchtmus gibt man nach Geschmack Zucker bei (man kann aber auch ohne Zucker auskommen) und kocht es so dick wie möglich mit etwas abgeriebener Zitronenschale und einigen ganzen Nelken ein. Es ist wichtig, dabei ständig zu rühren, um ein Anbrennen zu vermeiden. Die fertige Fruchtmasse in vorbereitete Gläser abfüllen und mit Schraubverschluß verschließen oder die offenen Gläser in den gut erwärmten Backofen stellen, damit sich eine lederartige Haut bildet, und dann mit Einmach-Cellophan verschließen.

(Man kann auch anstelle der Äpfel Quitten verwenden und erhält das früher sehr beliebte Quittenmus.)

Holdermus
(Fliedermus)

500 g Holunderbeeren
250 g Zucker
1 EL Zitronensaft

Die abgezupften und gewaschenen Holderbeeren werden im eigenen Saft weich gekocht und durch ein feines Sieb gestrichen. Das Fruchtmark mit dem Zucker vermengen und unter ständigem Rühren dick einkochen. Kurz vor Ende des Kochvorganges den Zitronensaft zufügen und in vorbereitete Gläser oder in ein Steingutgefäß füllen und mit Schraubverschluß oder Cellophan verschließen.

Holunder-Latwerge

1 kg Holunderbeeren
300 g Zucker
1 Msp. Muskat
4 Nelken

Die gründlich gewaschenen und abgezupften Beeren mit wenig Wasser zum
Kochen bringen und durch ein Haarsieb
treiben. Fruchtmark und Zucker in einen
Topf geben, unter ständigem Rühren so
dick einkochen, daß die Masse in groben
Flocken zäh vom Löffel fällt. Nach hal-
ber Kochzeit etwas Muskat und die Nelken zufügen. Fertige Latwerge in Steinguttöpfe oder vorbereitete Gläser geben
und verschließen.

Kirschenmus

1 kg süße,
sehr saftige Kirschen
400 g Zucker
1/2 Zimtstange
einige ganze Nelken

Kirschen waschen, von Stielen und Steinen befreien. Zucker in wenig Wasser erhitzen, kurz aufkochen lassen und die Fruchtmasse zugeben. Alles unter ständigem Rühren kochen, Zimt und Nelken zugeben und einkochen, bis der Saft nicht mehr flüssig ist. (Man kann auch süße und saure Kirschen mischen, sollte dann jedoch die Zuckermenge etwas erhöhen.) Fällt das Fruchtmus flockig vom Löffel, Zimtstange und Nelken entfernen und in vorbereitete Gläser oder in ein Steingutgefäß geben und verschließen.

Zwetschgenmus (Latwerge) ohne Zuckerzusatz

Sehr reife Zwetschgen gründlich waschen und von den Steinen befreien. Durch den Fleischwolf geben oder im Mixer kurz pürieren und in einem Topf mit sehr wenig Wasser ohne zu rühren zum Kochen bringen. Fruchtmasse auf sehr kleiner Flamme weich kochen; dann erst umrühren. Wenn der Kochlöffel im Mus steckenbleibt, in Gläser oder Steinguttöpfe füllen und verschließen oder im geheizten Backofen so lange stehen lassen, bis sich eine Haut auf dem Mus gebildet hat. Dann erst verschließen. (Bei diesem Verfahren ist es wichtig, daß man das Mus nie aus den Augen läßt, da es ohne Umrühren sehr leicht anbrennt.)

Zwetschgenmus (Latwerge) mit Zuckerzusatz

Die gewaschenen und entsteinten Zwetschgen werden in wenig Wasser gekocht, bis sie weich sind, und dann durch ein feines Sieb gestrichen. Das Fruchtmus wird mit Zucker (auf 1,5 kg Mus rechnet man 250 g Zucker), evtl. einer Zimtstange und/oder Sternanis in einen Topf gegeben und eingekocht, bis eine dickliche Konsistenz entsteht. Zimtstange usw. entfernen, Mus mit dem Schneebesen kurz umrühren und in vorbereitete Gläser füllen oder wie im vorhergehenden Rezept beschrieben verfahren.

Wissenswertes
über das Haltbarmachen
im allgemeinen

Wer sich von der köstlichen Sommerpracht etwas für die kalte Jahreszeit bewahren möchte, der sollte ans Einkochen denken. Leider können die uns während der Erntezeit im Überfluß geschenkten Früchte in frischem Zustand nur mit wenigen Ausnahmen für längere Zeit erhalten werden. Man kann dafür jedoch mehrere Wege der Haltbarmachung wählen. Neben dem Eingefrieren bieten sich folgende Verfahren an:

1. Eindünsten
(Abschluß der Luft durch Sterilisieren)

Damit erreicht man aber nicht nur den Abschluß der Luft, sondern auch einen durch Hitzeeinwirkung keimfreien Inhalt. Bei diesem Verfahren wird der fruchtige Geschmack weitgehend erhalten, da man auf Zucker im wesentlichen verzichten kann.

2. Dörren
(Entziehen der Feuchtigkeit)

Das Dörrgut wird langsam im auf 80 bis
100° C geheizten Backofen getrocknet.
Durch die warme Luft wird dem Produkt
Wasser entzogen. Das Dörren muß sehr
langsam geschehen, um das Austrocknen
und ein Dunkelwerden zu vermeiden.
Ebenso kann auf Pergamentpapier ausge-
breitetes Dörrgut an der Luft getrocknet
werden. Im Handel sind speziel zum
Dörren vorgesehene Geräte erhältlich.

3. Einlegen
(Anwenden von gärungs-
und fäulnishemmenden Substanzen)

Hierbei werden die Lebensmittel in einer
Flüssigkeit, wie z. B. Essig, Alkohol, Salz-
oder Zuckerwasser oder in Flüssigkeits-
mischungen, eingelegt.

4. Einmachen
(Einkochen der Früchte in Zucker)

Früchte enthalten einen Gelierstoff (Pek-
tin), der bei der Bereitung von Marmeladen und Gelees in Verbindung mit Zukker eine Gelierung herbeiführt. Da jedoch nur wenige Fruchtsorten über eine

ausreichende Menge von Gelierstoff verfügen (vorwiegend Äpfel und Zitronen), muß diese Substanz zugegeben werden. Dies geschieht entweder durch die Zugabe von pektinhaltigen Geliermitteln oder Gelierzucker.

Früher kochte man Obst und Zucker so lange, bis eine ausreichende Festigkeit eintrat. Dies war ein zeitraubender, aufwendiger Prozeß, und durch die lange Kochzeit reduzierte sich das Kochgut oft bis zur Hälfte. Auch entstand eine hohe Zuckerkonzentration. Außerdem mußte man möglichst auch etwas unreifes Obst verwenden, da es einen höheren Gelierstoffanteil als ausgereifte Früchte aufweist.

Heute wird durch die Beigabe von zusätzlichem Gelierstoff die Kochzeit auf ein Minimum reduziert, was

die Verwendung der vollreifen Frucht ermöglicht und
schonendste Behandlung der Früchte, Erhalten von Geschmack und Farbe sowie
keinen Kochverlust des Fruchtgutes bedeutet.

Man unterscheidet zwischen Beerenobst, Kernobst und Steinobst.

Zum *Beerenobst* zählen Erdbeeren, Himbeeren, Träuble (Johannisbeeren), Brombeeren, Heidelbeeren und Stachelbeeren. Es wächst vorwiegend an Sträuchern, und die Früchte weisen zahlreiche Samenkernchen im Fruchtfleisch auf.

Unter *Kernobst* fallen Äpfel, Birnen und Quitten. Zum *Steinobst* rechnet man Kirschen, Aprikosen, Mirabellen, Pfirsiche, Pflaumen und Zwetschgen.

Aus diesen Früchten bereitet man Marmelade, Konfitüre, Gsälz oder Gelee.

Für Marmelade/Konfitüre und Gsälz wird das gesamte Fruchtfleisch verarbeitet, Gelees bestehen nur aus dem passierten Saft der Früchte. Ganz sparsame schwäbische Hausfrauen bereiteten früher aus ein und derselben Fruchtmasse sowohl Gelee als auch Gsälz. Dabei wurde so verfahren, daß man das gekochte Obst (z. B. Träuble) erst auspreßte und den abfließenden Saft für die Geleeherstellung benutzte und die Rückstände unter Zusatz von Zucker unter ständigem Rühren zu Marmelade eindickte.

Allgemeine Vorgehensweise bei der Gsälz-/ Marmeladen- und Geleezubereitung:

Zubereitung mit pektinhaltigen, flüssigen Geliermitteln

Die gewaschenen Früchte gut abtropfen lassen, von Blättchen, Kernen, Stielen und dgl. befreien und die vorgeschriebene Fruchtmenge abwiegen. Je nach Beschaffenheit des Obstes mit der Gabel zerdrücken, kleinschneiden, häuten, durch den Fleischwolf drehen oder im Mixer kurz pürieren. Zur Gelee-Bereitung wird statt der ganzen Frucht die vorgeschriebene Menge Fruchtsaft verwendet. Nötige Zuckermenge und bei sehr süßen Früchten kristallisierte Zitronensäure oder Saft einer Zitrone zugeben und in einem ausreichend großen Topf, der nur zu einem Drittel mit Fruchtmasse oder Saft gefüllt sein sollte, unter ständigem Rühren zum Kochen bringen. Einige Male die Fruchtmasse aufwallen lassen, Geliermittel zugießen, nochmals kurz aufkochen lassen, sofort heiß in vorbereitete Gläser füllen und gut verschließen.

Zubereitung
mit pulverisierten Geliermitteln

Die Fruchtmasse in einen ausreichend großen Topf geben. Geliermittel mit etwas Zucker vermischen, zu den Früchten oder dem Saft geben und gut verrühren. Unter ständigem Rühren zum Kochen bringen, vorgeschriebene Zuckermenge zugeben, wieder erhitzen und 1 Minute stark sprudelnd unter Rühren kochen lassen.
Topf vom Feuer nehmen, evtl. abschäumen und noch etwas weiterrühren. Kochgut heiß in vorbereitete Gläser (am besten mit Vakuumverschluß) füllen und sofort verschließen.

Zubereitung mit Gelierzucker

Hier werden die Früchte ebenfalls wie oben beschrieben vorbereitet. Fruchtmasse und Gelierzucker werden im allgemeinen im Verhältnis 1:1 verwendet. Da Gelierzucker sowohl zuckert als auch geliert, also gleichzeitig Obstpektin und Weinsäure enthält, erübrigen sich alle weiteren Zusätze. Auch hier muß das Kochgut nur eine kurze Zeit gut durchkochen und dann in die bereitgestellten Gläser gefüllt und verschlossen werden.

Unabhängig davon, für welche Methode der Haltbarmachung man sich entscheidet, oberstes Gebot ist, daß man vollreifes, einwandfreies Obst verwendet. Ebenso wichtig ist es aber auch, die angegebenen Mengenverhältnisse genau einzuhalten und während des Einkochens auf peinliche Sauberkeit zu achten, da das gute Gelingen von diesen Faktoren abhängt.

Zum Verschließen der Gläser verwendet man entweder Einmach-Cellophan, Pergamentpapier oder aber Gläser mit Patent-, Dreh- oder Schraubverschlüssen.

Einmach-Tabelle:

Juni:
Erdbeeren, Süßkirschen, Rhabarber

Juli:
Himbeeren, Sauerkirschen, Johannisbeeren, Aprikosen, Stachelbeeren

August:
Pfirsiche, Heidelbeeren, Mirabellen, Renekloden, Pflaumen

September:
Brombeeren, Holunderbeeren, Weintrauben, Äpfel, Birnen, Preiselbeeren, Zwetschgen, Kürbis

Oktober:
Quitten, Hagebutten, Schlehen, Sanddorn

Hinweis:

Am 26. 10. 1982 wurde auf Grund der EG-Richtlinie zur Angleichung der Rechtsvorschriften der Mitgliedsstaaten über Konfitüren, Gelees, Marmelade und Maronenkrem für die Bundesrepublik Deutschland eine neue Konfitürenverordnung erlassen. Sie regelt die Herstellung, die zulässigen Ausgangsstoffe und Zusatzstoffe sowie die Beschaffenheit der durch die EG-Richtlinie erfaßten Erzeugnisse Konfitüre extra, Konfitüre einfach, Gelee extra, Gelee einfach, Marmelade sowie Maronenkrem u. a.
Danach dürfen für Marmeladen andere Fruchtarten als Zitrusfrüchte nicht verwendet werden. Wie Sie jedoch, liebe Leserin und Leser, Ihre zum eigenen Verzehr vorgesehenen Konfitüren, Marmeladen usw. herstellen, kann sicher keine Ordnung bestimmen. Abgesehen davon sehe ich auch keine Zuwiderhandlung bei den Rezepten. Sie entsprechen, bis auf die Unterscheidungsmerkmale bei Konfitüren und Marmeladen, ohnehin alle diesen Verordnungen und Richtlinien. *Ulrike Brommer*